18,00

trajetória de antes

Mariana Ianelli

trajetória de antes

ILUMINURAS

Copyright © 1999:
Mariana Ianelli

Copyright © desta edição:
Editora Iluminuras Ltda.

Capa:
Arcangelo Ianelli (Pastel sobre cartão - 1999)

Reprodução fotográfica da obra de arte:
Pierre Yves Refalo

Projeto gráfico:
Geri Garcia

Editoração:
Fabio Andreo Malx
Mônica Frangioni Perez

Revisão:
Katia Vaz Ianelli
Alfredo Aquino

Foto da autora:
Rodrigo de Moraes Leme

Composição:
Animae

ISBN: 85-7321-108-3

Dados Internacionais de Catalogação na Publicação (CIP)
Câmara Brasileira do Livro, SP, Brasil

Ianelli, Mariana
   Trajetória de antes / Mariana Ianelli. —
São Paulo: Iluminuras, 1999.

   1. Poesia brasileira I. Título.

99-3160   CDD-869.915

Índices para catálogo sistemático:

1. Poesia : Século 20 : Literatura brasileira
   869.915
2. Século 20 : Poesia : Literatura brasileira
   869.915

1999
EDITORA ILUMINURAS LTDA.
Rua Oscar Freire, 1233 - CEP 01426-001 - São Paulo - SP
Tel.: (011) 3068-9433 / FAX: (011) 282-5317
E-mail: iluminur@iluminuras.com.br
Site: http://www.iluminuras.com.br

Índice

Confessionário 15
Um no outro 17
No fim 19
Diário 21
Nada 23
Moleques 27
No teu exílio 29
Partilha 31
Acalanto para Cassiana 33
Outubro 35
A vida era assim 37
Notícia 39
Alguém 43
Somos de casa 45
Três vezes Cristo 51
Herança 53
Ontem a felicidade 55
Bilhete 57
Alegoria 59
Memorial 61
Sul 67
Busca 69
O dia primeiro 71
O dia final 73
O filho da santa e a santa 75
Resposta ao amigo 77

Nostálgico ... 79
Prosa em três cânticos ... 81
Meninos?...Meninos! ... 85
Tu, mulher ... 89
Ciranda dos três ... 93
Continência ... 97
Delicadeza ... 99
Visita ... 101
Nada de chaga. Nada de fruto ... 103
Espetáculo ... 105
Marcha a dois ... 109
Mandante dos céus ... 113
O inimigo ... 115
Superstição ... 117
Trajetória de antes ... 119
Na missão dos olhos ... 121
Mulheres ... 123
Insônia ... 125
Vida santa ... 129
Peça em um ato ... 133
Aprendizagem ... 135
Trópicos de Henry ... 137
À margem ... 145
Andarilho ... 147
Esclarecimento ... 149
Ao abandono ... 151
Biografia ... 153
Evidência ... 155
Mãe ... 157
Diálogo ... 159

Visão 163
O meio do alvo 165
Quebra-mar 169
Dois 171
Vez 175
Velhos 177
Carta 179
Carta de férias 183
Carta para Nina 187
Carta aberta para a irmã 191
Carta para mãe (I) 195
Carta para mãe (II) 199

*"Sabemos pouca coisa,
mas que temos que nos agarrar ao difícil
é uma certeza que não nos abandonará."*

(Rainer Maria Rilke "Cartas a um jovem poeta"; p. 55)

*À minha melhor companheira
das instâncias de leitura, de revisões,
repentinos conflitos, silêncios,
à Katia, minha mãe,
tão diligente na ocasião do amor.*

Introdução

De toda voz, da urgência e do calor vem essa quantidade de páginas, escolhidas e depuradas graças a três anos de um trabalho calado e intermitente que registrou os meus desalinhos, os meus raros acertos.

A gana de comunicar-me com verbos e com reparos específicos moveu a minha iniciativa de agrupar as composições em um conteúdo único, em um índice linear. E a falar de seqüencialidade, um olhar comum já perceberá que um equilíbrio unidimensional entre os textos não existe, mas mudanças de foco, esboços sobre as vias de curso que eu tomo, ao pensar.

Na ausência de um Movimento Literário principal que generalize as correntes poéticas, no presente de um total de opções de estilo herdadas e recombináveis, a marca do poeta deverá reiterar a sua seleção particular de ritmos, técnica e estética; nesse duplo continente de formas assimiladas ou criativas e mensagens do íntimo, nessa plena valise do poeta está o seu grifo, e além, está aquela porção viva que participará da liberdade estilística na Literatura.

Quem juntou estas folhas então conjugou a sua pouca experiência genuína e uma outra imaginada, essas duas presas à raia da verossimilhança: a memória da casa, de uma sombra ambígua, do amor imperfeito que seqüestrou uma vez os meus dias, ou assim inventei, as transparências do homem e o seu obscuro, retratos do externo e a fotografia interior das gentes, sua infância e sua morte; essa memória sortida de fatos e virtualidades foi escrita e vasculhada com método, com sentimento, numa vigilância tensa e delicada de quem pede a vez de cantar. De quem soletrou pois as primeiras vidas do seu tempo, com metáforas precipitadas, ainda. "E para a publicação destes poemas, sentiu-se mais medroso e mais humilde, que ao nascer." (Biografia, **Mário de Andrade**)

trajetória de antes

Confessionário

Faz tempo não cuido de sondar a morte
faz uns anos
que não durmo em cama estreita
que não durmo em horas certas
que não falo das minhas coisas
que mais doem no peito
para as alturas apagadas do céu
no meu vislumbramento por Deus.
Faz tantos anos
que não cuido de sondar a morte
nem os ciprestes
que europeizam nossos túmulos
e que dão verdes durante dias e noites.
Minha cabeça contra os lençóis:
- quero sumiço.
Faz poucos anos
estive chamando por Deus.
Foi tão percorrido
o repertório dos meus erros
que Ele jurou
o tempo que levasse minha vida
não corrigir meus extravios,
meus desacatos.

Me termino e Deus ainda
é sinistro como eu:
não decide sobre os meus prazeres,
minhas estrofações.

Um no outro

Contávamos quantos eram os feixes de telha
por cima de nós,
dávamos as mãos e juntos íamos para o sol
que fervilhava da janela, engordurava.
Nos cortávamos devagar
a pele fina dos lábios
e com mistura
aproximavamo-nos para o beijo.
Nos vinha a saudade de sensações passadas
e parecia doloroso
contemplarmos um no outro
que o sentimento era chegado
ao desvelo máximo da sua criatividade,
ainda que mordêssemos os cortes abertos,
com horror.
Ríamos com tantos dentes na boca
nos impressionando
como dois gulosos.
Deitávamos para o sol
e nas maçãs quentes do rosto
ficava abrasada a nossa inocência.

Minha face suportava a tua face,
nos víamos com velhas teimosias
com marcas de ódio, de risos,
e aquela marca da dúvida.
Na hora de uma dessas dependências nossas
descobriste os meus olhos
rodeados de um verde fugidio
que se cobriu de ti na auréola,
como num sortilégio incompreensível.
E não voltaste mais para casa.

No fim

Se se revelasse
a pessoa que há por detrás
da tua face
a vida seria pequena demais,
pois que estaria construído o limite
e toda constatação dentro dele
seria pequena demais
- botãozinho no escuro...
Já deste o coração
para uma grande mulher
transferiste
aos teus colegas de casa
as piores imaturidades do gênio
e partiste, incorrompido,
na linha de um cometa insconstante
deixando nos outros
a filosofia dos anos usufruídos.
Já acordaste na cama
de todos os homens imagináveis,
acordaste nos países mais sonoros
e atraentes
a que te convidavam
- daí porque hoje vais na frente,
e tua vida, seguindo aquém.

As lembranças te vêm
com um excesso de culpas
mais exagerado
conforme andam as idades.
Não lembras nada, assim.
Nem entendes a força
com que te mantiveste nas pernas
nesses anos de infância
e de até então.

Diário

No teu rosto me contaste
todas as noites de suicídio interminadas
as juras de amar tua mãe (todas quebradas)
a reconciliação de ti contigo
na recordação do vaso dando
milhões de rosas ressequidas
no tempo ultrapassado
em que resolveste retornar a tua casa.
No teu rosto me revelaste
todos os montes que galgaras
num desfile infantil de marcar passo
revelaste
todo fim de tardinha
em que o gás da rua não te quis iluminar,
vejo nas tuas olheiras
como levaste tempo em abraçar
teu próprio busto,
revolvidos, contundentes,
os teus braços,
na amizade de ti contigo...
No teu rosto vi os sinais da vergonha
por teres desejado um filho
que engordasse tuas ancas,

vi os indícios desaforados da velhice
e dos pecados menores,
reconheci nos teus beiços fechados
o amor sofrido que tiveste a ti mesmo
e aos teus ímpetos de inspiração
para amar alguém mais.
No teu rosto a carga que há
por não teres mostrado
que quiseste um abraço
da tua maior amiga,
a carga que há por te arrependeres
do pacto irresponsável
de te casares com um homem,
como numa folia desastrada.
No teu rosto me contaste o teu rosto,
gaze de pele vestindo a tua caveira
e esse é hoje nosso melhor segredo,
eu juro.

Nada

" Eu posso dizer, por exemplo,
que esta mesa é uma mesa,
eu posso vê-la, eu posso senti-la,
mas as sensações são magras e secas.
A mesma coisa com tudo o mais"

Ingmar Bergman

Mamãe me procurou a cintura
mostrando os olhos fundos
e o pavor da morte que previa.
Minha mãe me veio arranhar os quadris
com seus olhos de pólvora
impreenchidos de ajuda
e eu não senti nada.
Meu chamamento súplice
pela amiga que não tive
tomou rabos de fogo
e desintegrou na indiferença.
(Nem senti minha face mudar-se,
nem o coração rebentar por segundos)
Um homem que foi
o filho dos bons,
que foi o exemplo
do riso sem causa,
fez promessas

transbordando de amor
e eu não senti coisa que fosse.
Recebi minha criança
de mãozinhas fracas
que cedo demais
foram saídas de mim
e que instantes depois
não resistiram,
caídas sem reação;
não me emocionei,
dei de ombros para o caso,
cochilei.
O lar da família desmoronou
e não sobrava uma só paineira
das que estiveram
nos retratos da gente,
dobrados no mofo, no desprezo.
(O que senti em mim,
senão minha risada ?)
E quando me passaram
a tranca na porta
quando me separaram num quarto
surdo de esperanças como eu
dizem que franzi os olhos descaídos
que descolei um lábio do outro
deixando-se entreverem
os dentes de fumo

e que estava prestes
a derramar um choro torto
um som curto e rouco pra nomear
a enormidade do final,
que eu tentava
mover os braços,
assim dizem;
e que estava então para falar
quando lembro, isto sim,
ter dito um ai
que anunciava
eu não estar sentindo nada.

Moleques

Moleques descrentes
e os de Deus
são todos crianças
do acontecimento,
fazem os acidentes mais bonitos na terra
arranhando o capim
colecionando figos maduros
num amontoado com frescor de fruta;
sentam-se na grama
mastigando as folhas,
cada um deles
com diferente justificação.
Estão boiando os corpinhos
no lago do charco
no largo do curral
são peixes-boi a favor da correnteza
botando pra invadir seus peitos
a espuma gelada do rio.
Todos conhecem
que a água é simples.
Meninos machucados pela peste
                    pela beleza
eles inventaram a mensagem

de que são crianças
do acontecimento.
Desondulam nos cercados
dos terrenos proibidos,
esperneiam no chão
afogueado de metal
porque também eles
adoram o baldio do espaço,
como desapropriedades de si.
Moleques descrentes
e os de Deus
são todos filhos do Pai,
crianças sorrindo
e do acontecimento.

No teu exílio

O velho corrimão onde brincavas de descer
não é mais para ti.
Onde deitavas os pés ante a sala de jantar,
onde apoiavas os pulsos para a reza das refeições
de antes do sono,
no tato que tiveste para sentir a saudação
dos teus irmãos,
onde tiveste o testamento das coisas,
a herança das coisas,
não é mais para ti

Te puseram fora da mesa

fora do destino companheiro

dos costumes amigos

que são

a casa cheia de bons ares

de flores coloridas

de perfumes familiares

dos móveis infinitamente parados,

fora da reunião dos filhos

qual fossem todos juntos

pactuar

na aquiescência natural

de se mirarem noite e dia

sem perguntas,

numa aceitação

que te deixa com papas frouxas,

querendo chorar.

Te puseram fora de casa
do lar quentemente afagado
no conselho dos meninos
que trazia porções de maldade
pra te arruinar,
que trazia um oferecimento incestuoso
e que se te pões a lembrar
dá-te papas frouxas,
ficas querendo chorar.
Te puseram fora deles
como nunca te haviam feito,
tu, antes deitado nos irmãos,
cantavas acordes sem harmonia
que eles compreendiam...
Te puseram sem mãos
para não tentares agarrá-los na partida,
te puseram um órfão desesperado,
povoado de perdas irresgatáveis
e agora não te concedem ao menos
o consolo de uma carta
que venha lá de casa
remedando o divórcio
com o pretexto de um sofisma,
de uma delicada explicação.
Não te ponhas a lembrar,
que ficas com papas frouxas,
na vontade de chorar.

Partilha

Estou onde me puseste
onde o compasso não adormece,
tampouco se transforma.
Te acompanho com os olhos
feito bicho esperando a vez,
encorpado nos pés do homem.
Se o amor está direito
eu me inclino,
a cabeça bem repousada
na tua mornidão,
existindo em ti
eu serei como
as coisas dormentes
que só se ocupam de estar
ao redor do dia e da noite
respirando, e mais nada.
Troco contigo as tristezas
(e essa partilha é o amor)
apenas por nos vermos,
sem dar as mãos
nem dançar, nem entender.
Não teme por mim
que eu sei te sorrir
sem causa

sem falar do afeto
- mas pensando-o
preservando-o -
eu sei te sorrir
sem nem chamar teu nome.

Acalanto para Cassiana
(1979-1994)

Não coube na tua infância
tanta solenidade.
Ficou proibida a graça
da caminhada ansiosa
dos olhos apertados sob o sol
do amor espalhado pelos lados
num rebuliço ingênuo.
Alguém acasalou as tuas mãos
no peito desabrochado
quando reuniste contigo
teus pais e todos os filhos
para o legado da tua virgindade.
Talvez céticos
talvez tomados de feitiço
aceitamos te possuir
te fazer crescer em nós,
distribuida com sigilo
defendida, oculta,
uma dura saudade.
Atravessaste o segredo da pedra
que permite o estio, a borrasca
e a flor.
Mas, amiga,
renascemos teu riso

enquanto são anos de sentimento
enquanto ainda
nos surpreendemos com vida.

Outubro

Duas pernas desalinhadas
eram as tuas
na ponta da cama
que alguns refletores de fora
na rua alucinada
clareavam tanto que me venciam,
me encantavam
que nem miragem.
Num canto de sombra
tocavam músicas
de um tempo tão perdido em mim
que eu morri de dor
refazendo, até,
numa delicada tentativa,
a dança de quando
gostei daqueles refrões
que não te importam nada.
Meu ritmo leve te avizinhava
mas não viste
e as tuas pernas não viram.

A vida era assim

Se houvesse irmãos
pra bagunçar a casa,
mas não.
Caminhar com os pés,
levar os dedos a tocarem
um objeto, e falar só,
são os meus costumes quietos,
sem irmãos, sem uma bagunça,
não há ninguém
caminhando pela casa,
aparecendo em retratos de família.
No inverno em que a figueira
padeceu
e não se comia a fruta da árvore
se comia, isto sim, sementes secas
na terra do quintal onde o ar gelava,
no inverno em que os irmãos eram a saudade
de uma vida que devia encher a casa
eu ouvia uma voz só enchendo o ar.
Depois do gelo vindo do céu,
depois do frio, e que bravo frio,
morei nas alturas da casa
voltadas para a figueira
e para a terra maldita

que dava sementes estranhas
e não dava uma flor.
A vida era
ouvir a voz sozinha chorando
uma voz de ninguém,
era lembrar meus irmãos
pisando o chão vermelho
correndo nos vãos da casa
olhando de cima a figueira,
a vida era lembrar irmãos
que existiam para o meu desejo.
- O verão devia entrar na casa
fazer cantar a única voz
desfiá-la em acordes diferentes,
em vida nova,
mas não.

Notícia

Naquele tempo
nos preveníamos com olhares
que inovavam o amor
nos preveníamos com mentira
e rendição,
éramos nós
sem direito de chorar
depois do fim.
E quando nos bateu à porta
a mulher ruim dos olhos raros,
dos seios súplices,
quando nos chegou
a mulher do Cão
tu nem pudeste maravilhar-te,
para nós foi um dia de tocaia,
em distante inspeção.
Não adivinhamos
que os intrusos existiam
porque era necessário
pormos à prova
os essenciais valores da paixão
e entendermos o quanto a lei
nos sacia mais que a tentação.

Mas sabíamos que o recuo
nem sempre era derrota
então demos
nossa face à dona
sem um sofrimento visível
sem nossa depreciação.
Mas ela
estendeu-te a mão
num convite simples
e desleal;
acreditei que tu não quiseste
o sinal da minha despedida
encorajando a tua:
na geometria da porta
te ajoelhaste
citaste às avessas o Pai Nosso
com o rosto ensopado de orvalho
com as veias te saltando da testa
num vinco infame,
estranho.
(Ficarias sem juízo?)
Não soube mais dos dois,
viajantes de mãos unidas,
mas tenho aquela notícia
- encantadora -

de meu homem
rezando ao pé do Demo
antes de perder
a alma e o brio.

Alguém

Alguém balança na rede
alguém grita meu nome
faz cócegas no vento
e ao pé do meu pé,
acende a luz do corredor
se esquiva no fim dele
perdendo-se na sombra,
alguém arrasta o rabo
de uma capa escurecida,
mergulha no neon urbano e televisivo
dessa noite impessoal,
alguém faz careta
para embaralhar meu entendimento
e redobrar o meu terror,
alguém me põe no regaço
me dá o leite do peito
pra tirar às chupadelas,
alguém mostra-me as mãos
no extremo de névoa do corredor,
me oferece pincéis com que pintar
a cidade através da janela,

alguém me esconde um assassínio
debaixo do travesseiro
abafando a exalação,
alguém me condena
luta com a minha pureza de criança
deslumbrada e perplexa.
- Alguém que me mata
é quem sem um socorro
           uma saída
está morto.

Somos de casa

Ninguém abriu a porta de casa,
eu não abri a porta de casa.
A campainha do quintal
ainda hoje está tocando
e os óbitos dos meus colegas
são noticiados na televisão.
Ainda tenho o peixe de saias turquesas
que gira a barbatana
num pedaço quadrado de mar,
eu gosto de vê-la
meneando azuis e verdes
durante a noite
quando a casa parece maior
e mais fechada
quando a cauda do peixe
é como véu.
Mamãe não mora na casa;
ficou sorrindo numa foto
de cabeceira, bestial,
com a face dos trinta anos;
o jornal continua atolado
no vão da porta
e não há coragem em mim

para espreitar a rua
para ler o que vai nas manchetes
sobre as cidades, as gentes.
Enquanto aqui o tempo
descansa nos pés da mesa
nos degraus e lençóis,
acontecem guerras,
deflagrações partidárias
nos cantos dos lugares,
eu sei.
As aquarelas que pintei
há anos, são melhores
que muitos desenhos famosos
mas não desejo que falem delas
porque são melhores, e assim,
indizíveis.
Os poetas da minha infância
acabaram substituídos
por uma literatura econômica
e nos grandes livros de fotos
países que nunca vi
me fariam viajar pelas páginas.
Mas eu sou de casa,
não vou através da janela
(não há coragem em mim
para espreitar a rua);

na sala, um calendário
ilustra o mês de maio
de um ano tão longe
que não se saberá.
Dos lustres da casa
cai uma poeira anil
e embaixo, os móveis que há
estão cobertos de pano,
desumanizados.
O inverno chegando
me entristece muito:
a lareira não quer acender
e dou de pensar
que os pássaros do jardim
vestem gorro
para cantarinhar de frio;
mas porque não posso ver
os tais pássaros
o inverno entristece ainda mais;
então ponho a vitrola a rodar
e danço um passo desajeitado
na porta maior da casa
(o corpo desondula como o peixe,
sem decoro, abusando, abusando...)
Tem ratos debaixo da mesa
nas cortinas e pelas paredes,
nós dividimos território.

A comida está acabando
a água está acabando
os meus pés, acabando.
E de meus avós não engavetei
uma só fotografia;
eles tiveram ganas de voltar
à idade dos românticos flertes
em bailes
- e voltaram.
Em casa
um espírito de criança
que noutra data
deve ter vivido cá
vem me assombrar, com ruído,
nos limiares
nos vãos
rodando maçanetas
enfiando um rosto mascarado
pelas frestas
- um rosto com dois olhos
que são de um morto pedinte.
Vivemos todos num acordo bom.
O trem que corre a uns passos daqui
balança as cúpulas de luz
sem luz
e as poeiras de cima
despencam.

Um relógio badala,
irreprimido,
e os meus olhos não estão mais
habituados a luzeiros.
A campainha do quintal
ainda hoje está tocando,
sem importância
- eu sei.

Três vezes Cristo

O primeiro momento de Cristo
foi para mim o de um signo arcaico,
seu corpo fazendo cruz na madeira
pendurado no topo da classe
em cada aula
eu elevava os olhos para o homem
e não podia compreender coisa alguma.
Num segundo instante
a escola me esclareceu
porquê a cruz
porquê no alto da classe,
tive pena da cabeça coroada
doendo
caída para o peito,
tive pena mas não tive fé.
No terceiro desafio entre nós
percebi que a coroa era frouxa
que o sangue da testa estancava
que seus olhos se entreabriam para mim.

Cristo fazia o gesto de outras vezes,
o peito nu
desidratado, pedindo,
o pano debaixo cobrindo o resto.
Ele oferecia um abraço sensual,
nas cadeiras de aula
descobri qual meu homem,
paciente, faminto, ele.

Herança

A mãe tinha na sala
um vaso com flores muito vermelhas,
dessas que imitam as verdadeiras
até que mamãe desapareça
e eu também.
Ela já mancava, vestida de noite,
quando adoeceu.
Enegrecia como se murchasse
duas vezes: a primeira por ela,
mulher do tempo,
a outra em nome das flores.
Botou-me no colo, a mãe,
ela que nunca tinha feito assim.
Então a boca descolorida
falou pela última vez.
Mamãe, na íntima unção,
deixou-me o sério dever
de regar as tais rosas.

Ontem a felicidade

Quando ele foi
no bonde da vida cotidiana
e te acenou um adeus,
sobravam-te os versos
e a poesia te sendo uma pulsação.
Aprendeste a manusear a caneta
e dispor no papel
todas as praias
as madrugadas mal dormidas
os sorvetes na Tijuca,
simplesmente.
Agora descobriste
que ele te levara
o melhor momento dos versos
as delicadezas mais felizes
como a saia tremendo no vento
- tua saia -
o cabelo desalinhado entrando na boca
- tua boca -
pretejando os olhos dele e os teus

naqueles dias de chuva
quando não havia nada além
de chuva
de sereno
arrepios
para machucar as pessoas.
Três anos de olhos nos olhos
os pés atolados na areia,
até o joelho a água indo e vindo
e duas crianças meio vestidas,
largadas nos dias naturais
de mar
de pés costurando o macio
dançando nele
- descosturando.

Bilhete

Não tentes meias soluções
        meias propostas
correspondências vagas.
Recobra o teu porvir.
Dize um sim, um não.
Sobretudo, está na palavra
que disseres,
na voz que sair de ti.
Sê ali, como um homem ideal.
Sabe recuar - dizer não.
Sabe agastar-te, romper-te
- um sim.
Ou não saibas nada.
- então será o mesmo que
"saber recuar".
Se não for uma volta
se não for sequer ação,
dize ao menos - é nada.
(...o nada entre duas cabeças
que não pensam)

E iremos juntos,
numa confidência geral que repele
as expectativas mais pueris.
- As dores virão, a melancolia.
Delicada, a parecer uma beleza.
Permanente, porém, como nenhuma
beleza...
...Seremos disponíveis para nós mesmos,
patinando nessa transparência
feita de desejos livres.

Alegoria

Zola era branca e enorme
tinha sarda nos ombros
e uma cicatriz dando volta
no seio esquerdo (o mais gordo).
Ela usava meias listadas
que vinham prender-se nas coxas
e não vestia nada sob o roupão.
Ria alto e tinha dentes tortos,
um canino pra frente me provocando.
Zola sabia olhar-me de riste
e o seu olhar era gordo também.
Lisa, o seu contrário - era esguia
mas, igual Zola, mulher muito branca;
tinha cabelos frágeis meio tingidos
de loiro, mas de um loiro morto
e uma pinta direitinho na boca do sexo.
Lisa cheirava bem , cantava bonito,
cantava, no entanto, na garantida surdina.
Rosa: uma gata viva de busto redondo
e pernas muito pesadas;
seus olhos vinham debaixo
de uma escuridão que era toda sujidade;
eu gostava, sim, de mamar nela
mas não lhe confiei uma palavra jamais.

Ruth dançarina pegava fogo na cama
e sofria de convulsões tão violentas
que eu a confundia com as bruxas
dos terreiros de reza; era convulsa
pra bater boca, Ruth palavreava,
falava desdita, era assim desbocada,
criava um mil casos, quente na cama
e na guerra, uma feita a presenteei
com uma galinha preta,
mas ela achou ruim.
Casei foi com uma outra Lisa
que me punha a recordar a Lisa antiga
e as diferentes mulheres que amei,
mas a Lisa que eu esposara, esta,
não sonhava nunca.

Memorial

Um pano feito de céu ia, sim,
receber as tuas tintas

Foi quando nasceste
que primeiro apanhei tua mão,
tu tinhas a cor das nuances raras
e eras que nem uma luz morta.
Foste uma criança miúda
e me enxergavas com olhos fracos
no azul apagado
cheio de espanto.
Eu era teu mestre, tu sabias,
te ensinaria sobre pintura
sobre como matizar uma tela
como viver para a imortalidade
no mundo pequeno entre as paredes.
Tinhas tão pouca idade quando
escolheste os pincéis com que brincar
quando te puseste a caminhar
com as pernas,
eu dizia que não fosses à janela
porque a altura só competia a Deus
e aos pássaros grandes

e que as paisagens serviam
para os pintores
para quem soubesse de pincéis
e de arco-íris.
"Amor, vem aprender o trabalho
do teu mestre,
o colorido do seu ofício".
...Mas tu soerguias
com uma palidez que alastrava,
teus olhos cada vez mais albinos
tomavam a cor do sangue,
eu ia perdendo a palavra,
tu já chegavas à janela
perguntando de onde Deus nos mirava
e minha resposta era prevenir
que não devia haver tanta pergunta.
"Amor, por que soltaste os cabelos
por que os rebelaste, amor, que tens ?
Tu lembras uma qualquer,
pareces quase louca !..."
Descobriste sobre os pássaros
sem a minha ajuda,
já eras uma mulher inteira feita
de perguntas
e te sumia a transparência de antes.
"Amor, tu quiseste um par de asas, eu sei..."
Não pudeste mais enxergar

minhas lições
não pudeste enxergar
as paisagens que eu pintava,
preferias o desenho de fora da janela
ou a realidade volúvel da imaginação.
"Amor, o que vai lá fora ?
O que lá de fora te encanta assim
o que te põe tão fresca, tão loira
sob a roupa, o que te põe desvestida,
minha criança, tão santa assim ?"
Talvez ainda procurasses por Deus
quissesses, talvez, alguém pra brincar.
"Não deixa o teu mestre, sai à janela
mas não passes da porta,
o mundo é todo de intenções escondidas
de traumas no espírito,
o mundo tem crimes
tem máscaras pretas
que nem Deus afronta;
Deus, que criou a virtude
mas que também inventou o medo."
Quando morri as tintas ficaram
preparadas na mesa
e o pincel deitado dentro delas,
dentro dos azuis escuros, e dos brandos,
era como uma interrupção que não podia.
E onde estiveste enquanto eu enrugava

enquanto me perdia, todo eu acabava,
pele de pergaminho ?...
Se eu juntasse as cores primárias
erguesse a tela na altura dos olhos
no alcance das mãos,
tu estarias presente, sim,
invadindo a minha profissão,
respiravas dentro da minha paz
numa sintonia desequilibrada
porque os jovens não medem seus sonhos,
se abandonam na exaltação.
Mas, amor, onde estiveste
enquanto eu acabava
eu, fóssil de lagarto
câncer que desata,
espalhado nos dedos
na omoplata, nas idéias;
eu, um velho suscetível, um artista...
Tua casa era aqui, esta era a tua janela
tua vida, comigo.
"Amor, seja o que houver
mira as pessoas nos olhos.
A mão do homem, tarde ou cedo
ela chega, e te vai usufruir
vai escolher de ti o melhor sítio
que beijar, o mais abundante,
vai tomar-te a mão, e tu sentirás,

sim, amor, é inevitável,
tu sentirás uma tal peste no ventre.
Nesta hora, minha criança,
sê tranqüila;
e no estupro do teu corpo,
mira o homem que te ofende
no profundo dos seus olhos;
nesta hora sê tranqüila,
conduz a mão dele no teu prazer intacto,
em teu desespero feminino."
Quando morri tu casaste com Deus,
branca e limpa como no dia
em que nasceste
e eu a tivera comigo
(tua vida era comigo)
até o fim não passaste da porta
mas juravas terminar como um pássaro,
as asas abertas no céu
e a mão do homem seria a de Deus,
ajudando o teu vôo.

Sul

Os animais morrem
por causa do frio.
As pessoas sentem o corpo
e falam trivialidades
por causa do frio.
A menina de cintura estreita
acende fogo
na sala dos homens
que desejam
os seus olhos em brasa.
E nessa terra larga
de animais e homens
agasalhados até os narizes
não há um alguém
que fale contra o frio e mude
a gelada conformidade do corpo,
este que morre tão logo desperta,
parando mais que movendo-se,
no conhecimento dos sentidos pequenos
como parar o corpo, depois movê-lo.
No tempo de morte
não há um alguém contra o frio.
Há casas de madeira distribuídas
entre a folhagem parda

e as vacas inertes.
Há uma menina que atiça brasa
e diminui um pouco o inverno.
Ela, única, tem as costas voltadas
para a devastação.

Busca

Não se sabe de Clara.
Se me procuram
para revelações,
esvazio o meu rosto
e quedo,
ocultando a sua ida.
Eu aceito,
se me acusam.
Sua figura longa vertendo
                tardando
com a retina em veludo
- Clara, cedendo,
num gesto de flor.
Se me encerram,
eu não rogo ou protesto.
Sua forma contrária
andando na terra
invertendo as linhas
que seguiam retas,
sua passagem lenta pelas trilhadas
se firmou algures...
Mas se aumentam as pesquisas

        esquadrinham suspeitas
eu vou tomar
seus olhos convincentes
e com eles direi :
- "Não há mais Clara."

O dia primeiro

Um dia depois da festa
o comércio baixa as portas
a marinha se espreguiça
corpo de homem mal funciona
o de mulher tem convulsão
pela gasosa que bebeu,
os moleques vão à rua
aprontar trote alegre
em quem venha a pé
ou pilotando máquina,
os aviões da Força rondam a base
num combate brincalhão;
há mulheres dando à luz,
do ventre saindo a fé,
os políticos abraçam-se às esposas
até depois do almoço,
os civis soltam as bombas
que no furor da outra noite
não se notavam entre os fogos
cor de prata, cor de mar.
Na mesa da ceia não se mexeu
- vinho e comidas na toalha.
As praias foram minadas de velas
em quantidade, de vitrola rodando

os maxixes, as rezas do pai João,
a maré devolve pra areia o óleo
e a flor do ano novo;
corpos mortos nas estradas
corpos dormindo
à borda de estradas.
Os fogos da noite
acenderam outro ano
que começou de pileque,
um dia depois.

O dia final

É vespera da passagem
do ano velho
e como os primos distantes
que se reconhecem
só nos dias de ceia
(mas calorosamente)
aqueles deveres vitais
de resolver as falhas
no amor e na moral,
por inteiro, reaparecem
(calorosamente)
promentendo a solução
que não há.
E como o peru grávido
de passas e de bom cheiro,
o peru da ceia
a que vão os primos,
chegam os projetos de hoje,
estelares,
na poesia, no suicídio,
e são tantos
que estão fora de pauta
em bombardeio
na mira da página branca

- é um salto ágil
para cima do muro
para as telhas de casa
para um rabo de nuvem
para os confins do céu
para além do mundo.
Esse ano terminando,
incandescemos:
como a chama de um dia
que treme até à tarde
e pousa rápida, grafite.

O filho da santa e a santa

Nas noites especiais
eu te olhava
como quisera ter feito
nas noites vazias e não fiz,
porque fossem noites vazias.
Te contava fábulas surgidas
de meu próprio punho
e tu desconfiavas
que além de uma criança tenra e nua
te houvesse nascido um talento
a contar-te estórias fantásticas
que levavam
ao deslumbramento.
Tinhas o triunfo das mães
que viravam santas
porque os filhos deram a orquestrar o mundo
como artistas irreprimíveis;
tinhas o triunfo colado no rosto...
Te magoava um pouco
o artista não ter sido tu
pois que foste a mãe,
foste a santa, apenas.
Se não deste para um talento
tiveste, no lugar,

(eu sei)
uma vida escrita em diários
vida de santa,
de amores difíceis,
preocupações de família
explodindo contra a alegria
(eras, mais que pura,
fêmea guardada em ti,
energia reservada para amanhã);
o romance dos livros
te dava veredas para onde
Deus não te encaminhava,
mas tu negavas as trilhas,
às vezes te persignando.
Foste uma vida talentosa, a tua.
O filho que fizeste é, hoje,
o homem comum que te fala;
ele está entre mais outros filhos,
uns brilhantes, uns fracassados,
de mães santas e mães comuns.
De onde te vejo
dás proteção
com mãos unidas no peito,
os pés unidos também,
com olhos perplexos de luz
e aquele deslumbramento...

Resposta ao amigo

Como é
dar de acolher o amigo,
vale apertar-lhe as mãos
olhá-lo com a toda paixão
da tua vigilância
ou jamais assim
a tua pontualidade chega até ele,
a tua solução?
Como é
aproximar o amigo
do sono pacífico
senão
ajuntando o desalento dele ao teu
num consolo incompleto
que só o tempo
      o silêncio
preenchem de vez e ajudam...
É dando-lhe uma palavra
ou milhares delas
que tu encaminharás
o amigo
ou falar é enganá-lo
com hiatos
com signos

que não iluminam
mas só fazem rimas
provocam mais queda
        mais solitude...
É urgente saber
como salvar o amigo
que te disse tantas
e com tamanha verdade
que não responder-lhe
vai parecer-te o fim
vai ser como
a infidelidade te acusando,
num ato.
...O amigo
besuntado no piche,
piscando olhos amarelos
e te pedindo...
A paga de bem
tua parte
o teu quinhão
para esse amigo
é receber a hora da contrariedade
com a natural perquirição das crianças
e apertar-lhe as mãos
- sim -
olhar repartir dar amores
e frases
- sim .

Nostálgico

Tornas às festas passadas
com o jeito cansado
de quem velou
e pretendeu à risca
uma prece difícil.
O perigo te apaixona tanto
que num ímpeto frio
por mudanças
tu te fazes rebelde
querendo outras vidas.
E para quê...
Logo voltas a tuas saudades antigas,
a teu largo acervo de ossos.
Porque és o teu regresso,
nas tuas buscas iludidas
e no teu desamor.

Prosa em três cânticos

I

Eu escolhendo
as melhores conchas
rodando a restinga
tortuosamente
catando mexilhão para o balde
e mãe me assistindo da janela
com a sua risada estanque,
seus cabelos puxados no coque.
Eu procurando
um coral salobro
e mãe aos poucos sumindo de vista.
Na tarde que vermelhava o sal d'água
mãe se enfeitava para o pai
como uma mulher oculta.
Eu sentia no quarto
duas sombras pequenas
que ritualizavam,
pernas tentando o entrosamento,
pai e mãe num amor foguento.
Então foi que a mãe dilatou-se,
o cabelo descendo as costas
num desabrochar

desorientado e geral.
Papai fez um barco pra conhecer o mar
virou gente de bem
pescando na espuma peixões lilazes.
No frio ameno de agosto
vem a minha irmã, pequena Mune,
que eu agrado
catando conchas cor de sol
chocalhando conchas na mão,
bem suave,
para Mune gargalhar,
arregalar os olhos, me ver.

II

Na tenra idade da malícia,
do riso intencional,
com pequena Mune
crescendo tanto,
pernas jovens redondas
cabelos no tom do caju
ajuntados pro coque
que nem os da mãe,
nesse tempo de amor
- amor aos milhares -
Mune montava no pai
se enroscava na garupa

ia ver a lua no mar
recortada em ondas em ilhas,
o velho inventava
que era uma pipa noturna
afundando na cor de vivo anil...
A mãe endureceu,
cabelos desfiados,
uma sombra reduzida,
seus olhos cinzas amolecidos
mirando nada, ninguém,
da janela.

III

Olhos de Mune florearam,
ela tornou-se o dote dos pescadores
que mais tentava nas bandas
soltas e brancas da baía...
O barco de pai capengou
deu em fiascos de greta
para talvez fazer-se um fogo...
Já o velho não guerrilhava,
de pé na proa a divisar
o sentido das águas,
seu temperamento,
a divisar o manto grosso dos sargaços,
de pé na proa suspenso

balançando o seu corpo débil
contra a brasa do arrebol, linda.
Num dia de ondas
bravejando em vozeirão
o pai surgiu
boiando dançando
à revelia da espuma
- o pai, acabado.
...E mamãe minguou.
Sabe lá dia desses ela pede unção
                          pede catarse
e vai com o pai...
- então eu construo habitação no mar,
e minha Mune expede-se
pro azul do horizonte.
...Dia desses a praia termina,
sabe lá.

Meninos?...Meninos!

Os meninos, tão graúdos,
ainda saltavam na amarelinha
davam a tarde para o passatempo,
anoitecendo era o violão.
De manhã o mingau no prato
quente quente de pelar a língua,
o guardanapo feito gravata,
pernas sentadas chutando o ar
ou quatro pernas no sótão
se apertando aflitas,
o calção resvalando na pedra.
...O azul lhes descia a face
bem abaixo dos olhos
e por mais um bocado
os pêlos cresciam na mão...
Pensam que da balaustrada
criam asas e podem jogar-se
à revelia incerta da brisa...
Como voam longe os guris !...
Onde serão os guris ?
Eles ganharão férias
vão rodar na espiral da serra
tornear de ponta a ponta a restinga
entre as moças santistas

de lombo crestado
de suco na boca,
sardas de sal no colo
        nos ombros ensolarados
eles vão até a costa sul
fazendo o veloz circuito do mapa.
Ganharão direitos
e vão tornear o litoral santista
das moças santistas,
os meninos entrando na fruta
consumindo a fruta
numa primeira vez,
e o medo de fracassar ?
As férias debaixo dos deques,
adolescentes debatendo a nado,
cabelos abertos como rede
bocas destilando querendo:
uma segunda vez.
E se os guris voltavam à paixão
masculina do sótão,
como era, os pêlos de fato
nasciam na mão ?...
O olhar disfarçado para as palmas
da pata, era como era.
Num clarão, o Estudo,
o nervoso em viajar nos livros,
no duro questionamento

de porquê o balão pode
e vocês, meninos, não,
no inquerir de porquê
o homem chora, de porquê
o campanário é a batalha da terra
com o céu, de porquê existe a boa
e a má Literatura;
e num lampejo menos vivo,
a Revolução,
o gostoso de fumar
de estragar o sangue
com um torpor definitivo.
Na estreiteza dos corredores maciços
dos corredores lentos de biblioteca,
a safadeza sem refinamento
os punhos apoiados nas enciclopédias,
interditos na boca o não e os ais:
uma terceira vez, mas em primeiro amor...
Não é conselho atropelar o vento
sem aeroplano, sem lona, sem seda,
mas, meninos, não dão ouvidos à Ciência?
À Ciência fatal?
Meninos?...Ah, Meninos!
Eles vão entristecer o tempo,
guris caídos do sonho
estampados no chão
feito estrelas grudadas no longe

feito raiz namorando o barro.

Guris, tão graúdos,
caídos do sonho
estampados no chão,
voam tão distante, para onde vão ?...

Tu, mulher

Saíste no breu
para me botar medo
deixaste cair os cabelos,
as orelhas também,
me convidaste
a entrar na noite
mas abriguei-me
embaixo da lamparina,
deixei-te sem socorro
e não te importaste
em ires com as sombras
com a água imunda
e as alegorias do azar.
Tu eras mulher verdadeira,
te davas para as negativas
para a erva daninha
que empesteava o jardim,
para os espinhos
e não para o botão da flor
perfeitamente fechado
(eras contra a perfeição
e o recato...)
te davas para o pasto deserto
à pele ferida e parca do gado,

não para o couro tratado da vaca
não para a beleza esbanjada.
Tu eras mulher verdadeira,
ansiosa para guiar-me
pelas estradas de terra
e do imaginário
na circunstância da aurora
e dos teus olhos verdes.
Apenas a noite te soltavas de mim
ganhavas um rosto severo
e dançavas com as mãos soltas
na direção do céu
crivado de luzinhas,
como se te movesses
sob a serpentina de um baile
há pouco terminado;
as estrelas desprendiam do alto
e logo tu te lançavas para elas
numa sabedoria constelar.
Tinhas tua sentença de vida
nas mesmas tradições de um gentio:
deitavas no mato, no matão,
e as pragas do verde
se guardavam em ti;
te rias convulsamente
se molhavas as calças
à guisa das crianças novas.

Uma mulher verdadeira
tu eras
aninhavas as pernas
entre a cabeça
nos dias de geada
e fazias escorregar as polainas
para experimentar o frio
e tomavas nas mãos (soltas)
a cuia da sopa,
emborcavas o caldo
em goles redondos,
a boca aquecida e ocupada
terminava numa lambida selvagem
de satisfação.
- Ah, que amor não tive
e que apego
pela mulher verdadeira.

Ciranda dos três

O outro
me transporta
para a terra nova
para as plantações insondadas
na direção da luz.
O outro
me leva a tomar sol
a pisar na noite
e a dizer eu amo.
O outro
está em mim,
ele me traz pela mão
e de frente para a esfriagem
ele fracassa o inverno
pra causar o sol de volta.
Somos a quinta estação,
a do esperdício,
quase a da perfeição:
o outro e eu
dois retratos remotos,
amarelos e passados
como o outono,
o outro e eu
nublados e grisalhos

como os cabelos nevando;
o verão são nossos olhos
infantis e quentes,
posto que desalmados;
a primavera,
em cores nítidas e primárias,
cobre o tempo e os cartões postais,
mais nada.
(O outro é tu mesmo)
Ela
é a adolescência
que falta em mim
e que no outro
está por completar-se.
Ela
realiza a ciranda
e fecha o círculo,
é a terceira de nós
e a mais importante
pois traz consigo
o sorriso e a fé.
Ela
te dá num instante
meditação
num outro
a beleza superficial da mulher.

Eu, por minha vez,
só recebo a beleza
que me acalma e me conduz.
Ela é o nosso facho,
uma lucidez moça e isolada
que de todo nos convenceu,
e nem sequer nos tocou o braço
ou nos tocou a essência,
esta que nunca tivemos talvez.
Somos, os três,
um amor natural
quieto e circular
- a paz satisfeita em si.

Continência

Falar o proibido
encantará corações plebeus

Aos que falharam na ordem
aos que em uma hora mais suave
não atentaram para os artigos da lei,
aí vão o polícia e o juiz
encerrar homens na penitência
excluir o amor dos homens.
São tempos de passividade e relógio,
a ordem está casando noivos
botando o lanche das seis na mesa
fazendo sesta com anciões,
está no plantão do expediente
está enforcando a sede das camas
a surpresa, o novo.
...E o não querer agir
condena os homens a uma raiva interna...
O amor devia ser
mas uma fortaleza fecha-se
em anéis tantos,
com um sério exército e seu balaço,
que o amor não é.

Delicadeza

Ele te deixou com o silêncio
com premonições sobre a morte
e ainda te olhava de longe
a falar de amor e de eternidade
(não ouvias porque ele era distante
e não te acostumaste
a ler os lábios de alguém).
Ele se perdeu nas multidões
              no orgasmo
e esqueceu que tinha uma alma
quase pronta para a tua;
te deixou com a imaginação
              com o delírio
e ainda te mostrava de longe
como podia usar o corpo
para amar e para eternizar-se
sem estar contigo
sem imaginar-te.
Ele se perdeu nas mulheres comuns
na noite iluminada de gris
e nem te deixou
a saudade que deixam
os homens que apesar das entregas
                    das paixões

ainda lembram algum mistério.
Tu estás muda
(já pressentes o fim)
e ninguém vem a ti
mas a tua alegria é maior
que a de outras vezes.
Fica tranqüila com o que te deixam
fica contigo
porque és a um só tempo
o amor e a eternidade
e porque sejas as duas coisas
não dirás a ninguém,
nem a ele.

Visita

A visagem tem pernas lindas
que andam e cintilam
pernas feito asas,
a cara estampada
que assalta homens bons
(a cara me assalta)
saliva espumando
um gosto de sangue
na língua enrolada
que estala que pede
"me dá de comer";
pernas de seda
      de nuvem
um tufão que plana,
colore paredes e peles.
Ela arranha minha porta
em noites molhadas
arranha a madeira
com boca aberta,
asas dobradas
uma versus outra,
a muita baba
em que a cara mergulha

e eu que alongo
o tempo da chuva
antes de receber
essa visita odiada.

Nada de chaga. Nada de fruto

Cerceei minha porção de terra
com defesas de toda a sorte;
zinco, estaca, um tinir,
mais exclamações altas
para o invasor que soubesse ler.
Não houve tomadas
nem germinação.
Existia sol para aquecer o chão
existia no lado oposto
a ave ruim ciscando pó,
acerca de um grão.
Fruto não vinha
não vinha o mais doce e amador assalto
às minhas prevenções.
E a vida passou-se
como grades passaram,
sem guardar dentro da minha finitude
sem proibir pegadas no redor;
a vida mirrada
sem carpo, sem guerras,
essa minha vida vivendo em falta.

Espetáculo

O circo vinha no meio de julho
para a gente preta do garimpo
para a filharada do povo
que era presa
nos planaltos do país,
dada ao desprezo do mundo.
A banda cruzava a favela
inaugurando a esbórnia do pobre,
os miúdos corriam antes dos pais
iam seguir as cornetas os clarins
a penugem escarlate de artistas
que faziam especial
toda a cidade.
Cada vida dos sobrados
os cães piolhentos
os há pouco nascidos
agregados sem valia sem um braço
a moça de bem que ficou pra tia
as vidas da favela,
mais o frango criado no quintal,
se mudavam
para dentro da lona
tomando as voltas da bancada

como num rojão
que se afogueasse pra subida.
Na espera geral e obediente
(o sorriso vazado,
cabecinhas afoitas)
começava a bagunça
com um equilibrista
empinando
frutas argolas
maquetes quinquilharias
rodando bicicleta
dando ré pirueta
mirando a laranja
que cai na palma do mágico
e aumenta o oco nos risos:
a pomba que era uma fruta
voa sobre a gente
e o rojão acelera
- foguetete louco.
O povo negro esquecia
as minas as grutas
o mercúrio homicida
as minas as grutas
preparadas
para a cinzenta explosão.
Não vai faltar o elefante
carregando

no traseiro a bailarina
enrolando-a na tromba
abaulando a poeira...
Não faltam os anões mal humorados
fazendo a cômica
parceria com os palhaços
ensaiando entre eles
a rasteira
que enterra os narizes na areia.
O número do faquir cuspindo fogo
prova aos meninos
que distante dali
há também quem bote chama
pra fora do corpo obrigado
ao labor do braço
à britadeira
à tosse que denuncia
os pulmões acabando
num estertor.
Nas elevadas altitudes do balão
as mulheres ficavam distraídas
com o relevo do decote
e o penteado
enquanto os momos divagavam no trapézio
entre uma e outra corda
e as crianças exploradoras de pepita
pediam aos pais viver num circo,

para rodar dezenas de cidades
cambiar de endereço,
as crianças chorando tão humildes
com o peito estufado de desejos.
No fim das cordas
a banda entrava com trompetes,
os artistas se vestiam de ciganos
e o rojão baixava (fim do fogo...).
Para os negros
mães e pais
para os pequenos
às moças idiotas, perfiladas,
o circo voltava no próximo julho,
esperassem.

Marcha a dois

I

Amigo
por que a visita tardia ?
Teria sido mais acertado
não vires.
Por que surgires
com um rosto alheio
com o corpo curvando
o corpo falho,
uma escultura inédita
que o tempo lavrou,
a tez antes macia
e flácida agora
- tu, o amigo.
Por que
não nos acompanhamos
até aqui
na procissão do tempo,
assim nem eu nem tu
nos perceberíamos
engendrando tão louca
mudança de nós,
por dentro metade desassombro
metade sofreguidão,

por fora arquitetura
semana a semana menos firme.
Por que esperamos
toda essa praia
essa trama toda
para nos vermos hoje
tão magoados ?
Quilha do mesmo barco
leme sem rotação
atracado no mangue
nós dois, esta quilha,
este leme precário.

II

Tu vais contar
com a intenção de sorrir
e olhos prometedores
que tiveste um filho,
anjinho d'inteligência
de uma beleza que no mundo
não tem igual
mas de repente
tua cabeça vai para o peito
os olhos ameaçam descer
como descera a cabeça
- tua expressão desesperançada:
vais contar

que este filho máximo
esta parcela de ti
ideal e particular
fôra o teu filho morto
em acidente aéreo
em curva de estrada
ou desaparecimento,
talvez o filho convertido
em estrela, em leito de rio,
em córrego manso;
talvez o filho morto
de pouco em pouco
num suicídio voluntário
sim, num despreendimento
do seu próprio cárcere.
Eu vou contar
em consolação a ti
que viver até os anos finais
seja marchar individualmente
para o desconhecimento
e para a aceitação;
a beleza te chegou
na hegemonia do filho,
tu devias perceber
que ela era em verdade
uma dádiva
e te ia logo partir,
deverias reverenciá-la

sem entender porquê
(o porquê é a sabedoria).
Não te lastima
que eu não te consolo,
não será dever consolar-te,
nos daremos ao trivial
ao carinho trivial
ao estribilho
que repete a velhice
o quanto mais ela vem,
não como regalo
não como saúde
mas feito a última estação do corpo
antes da luz
antes do entendimento.
Amigo
tu és tardio,
mas ao menos
havemos de concluir a marcha
a dois
em uma coreografia
próxima à beleza
que um dia esteve contigo
e que eu, por minha vez,
não esperei jamais.

Mandante dos céus

Eu sei andar nas alturas
        nas cores
             nos lugares medonhos
tenho um ouvido ideal
para os vizinhos
e para os meus pés que flutuam.
Meu corpo está de sobreaviso
para os ruídos vivos
e os passos do fantasma;
meu corpo vai levitar
mas o coração soa forte
e toma todo um espaço
que antes fôra meu.
Eu falo comigo
uma frase de amor
na hora certa
e os pés podem sair do chão,
eu posso levar nas mãos
o meu momento de pensar.
Te espero sempre
tu, homem de erros,
de um amor equívoco
mas abrasado

tu, homem de mim.
Eu te disse (sempre)
"os nomes não falam nada
enquanto nomes que lhes dão".
Tu me prometes voltar
e o que é a promessa
senão um nome,
o que é a espera
senão uma felicidade adiada;
um nome de dicionários.
A concentração das horas
em mim
a síntese do meu corpo
em mim
é como eu te busco
sem evocar nomes
ou promessas substantivas.
Te busco
como um vulto de homem
- um fantasma
e como homem
- um amante vivo.
Estamos atentos a ti,
eu e o meu coração.

O inimigo

As festas vão-se daqui
mulheres fecham suas casas
as alamedas morrem um pouco,
não há ninguém para a tua chegada
nem humano, nem bichos,
o inanimado sequer.
Tu penetras a cidade
com uma capa de pano
com botas de luto
olhos, corpo de luto,
os mesmos tiques
de um homem que enlouqueceu
(ouvidos colados nas platibandas
te ouvem)
passeias no asfalto
com o teu passo de vento
os teus defeitos menores,
com gritos por gritar,
eu te ouço e calo,
criatura de gesso, eu,
sem vontades nem amor.
Sempre estás para vir
e eu faço que não sei de ti.

O corpo como alimento,
o peito dando leite
dando dando
é o meu corpo o meu peito...
Tu invades as ruas
entre a morte e a escuta,
passas a cancela
onde do outro lado me encontras
e me roubas o que ainda
tenho sob a roupa e a pele,
me sangras.
E eu perdôo.

Superstição

No dia seguinte a mente dói
uma dor latejante
que ressoa no torso.
É sempre um domingo
quando me soltas em um lugar
desconhecido da vida.
É uma estrada reta
a que me mandaste seguir
até que os pés não pudessem
e as costas distendessem de monotonia.
Tão pouco se me dá
que não atravesses meu rumo
não me separes da lama
durante uma empresa de amor.
Agora, no dia seguinte,
não te perdôo
por me ferires a ferro
não acendo mais
fogo contra as minhas faltas.
- Não há remorso em mim.
Me dei e sabia das dores
que me dedicarias no depois.
Tampouco creio em pessoas,
mas em superstições.

Não creio e não as perdôo.
Ouço como são felizes
e recolhem eventuais solitudes
para me mandar
numa remessa abastada
e ficarem limpas do fel
limpas do gemido,
ficarem benfazejas.
Ouço as pessoas no domingo
andando solos de não-argila,
falando assuntos que não são dores,
se elas dessem por mim
não se aproximariam mais um palmo.
Tu és essa gente que escuto
e que me fere tanto e tanto.
Vou para onde está o barro
e no quando me mandares lá.
Esse corpo arbitrário padece,
corpo tão sem préstimo.
No domingo um torso dói
devagarinho, e a mente dói
numa eloqüência de morte
que só vale a mim,
ou nem isso.

Trajetória de antes

Girando na bolha de sal
eu falo contigo e te recebo
no tempo primário
em que me ensinas o amor.
Um passo em falso
me derruba e eu dissipo
mas tu és boa
e me trazes devagar
como quem segura um mundo.
Tua explosão irrompe
tingida de fogo
e dói-te tão fundo
que eu estremeço
e um amor de meses
vaza todo, extravasa.
Desde que me conjugo
(eu sou, eu estou)
dou-te um nome de santa.
Viajo num estouro de luz
que te queima, te arregaça.
Eu tenho o destino dos homens.
Fora de ti, quebrado o pacto,
te encontro uma segunda vez.

Na missão dos olhos

Aperto os olhos de análise
e num pesadelo ou poesia
chamarei a solidão.
E quando eu recebê-la
vai estar ali, meio vexada
- se isso for possível -
uma coragem de seguir.
Esse apelo específico
talvez ímpeto, talvez relâmpago,
coragem minha e tua,
não é fato pensado.
Um medo o inverte um pouco,
então nós perdemos a ação.
Sim: a (tua e minha) coragem
é uma ausência repentina do medo,
esse companheiro que nos dá
às vezes choro, orgasmo às vezes.
Estamos em torno da solidão
e somos tristes, bravos,
como quem ganha amor
como quem ganha pesares
e não se move, não grita.

Nesse tempo de faltas
somos assim
- estáticos, feito uma indiferença.

Mulheres

Elas são a engenharia de tudo,
a suspensão de tudo, e não dizem

Mulheres, umas santas.
Mães quietas e evaporadas
são as mulheres que não
respondem à malícia
nem afirmam inocências.
Mulheres que agarram
as pernas tombadas
e não odeiam quem as fez tombar;
que fecham os olhos para o punho
de quem não as possuiu
mas rebentou-as;
e fecham no ventre
o recanto de ninar
e fecham na boca o segredo
da complacência e perdão.
Umas santas,
elas recebem inimigos
como fossem amantes
como fossem aqueles
que chegam pisando a terra

e cavam com os dedos o espaço
de uma criança em jazigo ou gestação.
Mulheres que se abrem à tortura
como bichos levados para o meio
de um abatedouro sem portas.
Mulheres deixadas na terra
para erguer o assassino e dizê-lo bom.
Permitem a selvageria
sem gestos contra a dor
contra a urgência do fim do mundo.
Umas santas.

Insônia

Passam
      céus
          cabeças
passam
      balões
nesgas de prata
pela cortina
passam
      aves
         maresia
            lamentos.
Jornada limpa
essa de varar seres e ventos
num tempo além do segredo...
Onde sossegam
os gatos
a malha de brilhos
de ares
tecidos
são os vértices longes
os muitos vértices
onde encostam para dormir
onde ressonam

os meus pavores
minha febre,
na noite fundamental.
Mistérios,
        qual nada:
as formas veladas
que vivem
que pausam
na sombra dão susto
          arrepio
mas não disfarçam o mal
os seus planos maus
abismos
- sua mordida aguda.
As figuras paradas
ou brincando pela cortina
montam um cenário
e doem e tremem
e doem de vida.
As outras figuras
que dissimulam
    conspiram
figuras que a noite têm
eu quero
eu quero mesmo
o encoberto

tão encoberto
que homem nenhum sabe
nem vê.
Mas as vidas
        as festas
                desenhos do escuro
do escuro dessas noites
(tristíssimas)
me falam tudo,
se dão para mim,
se definem
- perduram.

Vida Santa

Até a idade dos quatro
habitei numa estância bonita
com janela dando pra outeiros
em cima de onde crestava a chegada
das insolações do dezembro.
Não recordo o lugar
ou as colinas tostadas de sol
mas lembro muito de mamãe
sufocada na asma
durante uma noite de estio,
os cupins revoando na casa.
Mãe contorcia
branquejava os olhos
pedindo ar,
faz favor filhinho,
abana em mim.
Naquele sereno mãe tremeu
de ponta a ponta,
o decote resfolegando
pondo as sardas de fora,
e porque o corpo revoltava
mãe perdeu o controle das mãos
desceu-as para o chão, num escândalo,
- soaram na pedra duas vezes.

Mãe prostou, desmaiou para sempre,
não lembro se o corpo amolecera depois
se a cor da face amenizara
se as pálpebras cederam para o sono.
Me recordo, sim,
do seio manchado de pintas
insinuando na beira do corpete.
Além da mãe,
uma figura de mulher que me ficou
foi a da tia na camisola,
pernas esgarçadas na seda
parecendo Virgem Maria.
No entre pernas eu trepidava
sentia embaixo o sismo da terra...
Ai, a virgem me encarava
com olhos de gato, propondo coisas...
Na idade dos quinze
a janela de casa era gradeada
e picotava os sobrados de tijolinho
que piscavam ali,
no gás da lanterna
e num cheiro de chaminé.
Dei num homem descobridor de mundo,
das discotecas americanas
nas madrugadas de dança
e ensurdecimento
em rodas de álcool

com amigos da onça;
deitei a namorar pelo telefone
nas manhãs debaixo do lençol
segredinhos de bolina,
num sussurro.
Cada ano
eu apostava no amor
e nos exames finais de escola;
esperava dos séculos azarentos
que eles passassem adiante
para a renovação da memória...
E titia desistiu
da sua hipnose felina,
as pernas envergaram
pontilharam de veias negras
que incendiavam a barra do vestido.
...Titia era agora
uma velha conselheira e tradicional
mascando os dentes
e fazendo crochê;
faltou para a minha vida
ter chegado a ela
(num sopro)
para dizer que o gozo
é um espirro da alma.
Ela sorriria como antes

mas com uma graça infértil,
porque não sofreu
mais dessa gripe
e sabe apenas de semelhanças
com Maria...
- pensei ainda
na minha plenitude
se eu caísse transido
para o colo da tia...

Peça em um ato

De tanto pó podia-se
escrever nos móveis.
Na mesa.
E o lugar era vazio
como uma paisagem
sem circunstância.
Na mesa houve
o pouco de amor
que a mulher escondeu
e o homem não teve.
Na mesa existiu
o descompasso da noite
e da vela queimando,
existiu a vela no fim
o vinho pela metade.
Na mesa estava arrumada
a paixão
que ia jantar em dois pratos
beber em dois copos
o vinho até a metade.
Na mesa era o homem
comendo sem modos
e a mulher de olhos pintados
pensando um tempo distante dali,
tempo sem data.

Aprendizagem

> *"Vendo isto, refleti;*
> *daquilo que havia visto,*
> *tirei esta lição"*
> Provérbios 24.25 - Versículo 32
> *"Outras palavras dos Sábios"*- Bíblia Sagrada

Olho o escuro, olho os dias
e não preciso penetrá-los
para viver como quero.
A verdade sobre mim
que certo tu não sabes
é essa de eu não ter mais riquezas
senão a da contemplação.
Sentes o calor tranqüilo
que me vem e que é
como uma ciência de aprender ?
Se te concentrares em ver
(certo) vais sentir e sentir-me.
Todo o julgamento do olhar
é em mim o restante
de mil encontros com a noite
e com o sol,
encontros que engendrei
e aos quais vou tão só
para irem os meus olhos.
Te vou ensinar a sentir
o fulgor do lampião e os porões...

Trópicos de Henry

Câncer

> "Em seu mundo tudo era gaze e
> veludo - ou elas nos faziam pensar
> assim com seus belos odores
> que desprendiam, ao passar
> zunindo ao nosso lado"
> (Henry Miller - Trópico de Câncer)

Beleza de pedra
de cera fria
de olhos frios: cinza arapuca.
Beleza nórdica
de santa a que não se deve tocar.
Mulher que está em descanso na terra
Mulher de ancas rijas,
de pés flutuantes e milagrosos.
Um perfume diferente,
seresta onze e meia no cais.
Beleza de folha derretida na chuva:
musgo incorporando na pele.
Mulher de sorriso ignoto,
de sensualidade marítima.
Mulher de barbatana enérgica
com prata respingada nos cílios.
Mulher de pupilas insones,
maçã do rosto cavada em sulco abrupto.

Mulher de cabelos lineares
qual manto escorrendo macio
nas estradas, fronteiras da neve.
Beleza de córrego egoísta
repelindo os caramujos da margem.
Beleza verberando neon,
uma vulnerabilidade de hotel.
Beleza do farfalhar
de borboleta mutante no fim da primavera.
Beleza de asfixia,
ácido queimando músculo.
Um farol na montanha
interditando escalamento.
Mulher de pernas pegajentas
de ventosa aderente na ponta dos dedos.
Mulher de camisola vegetal
santidade de pé no tapume
franja coroada de gel.
Mulher de voz metálica
de sons concretos
que doem no ouvinte.
Mulher de formas inconclusas
de meias formas
de escamas rastreadas na areia,
guizo silvando nas pedras.
Geada no verde do pinheiro,
floco de gelo no lodo discreto e movediço.

Mulher-poema dos versos brancos,
escalavrados e decompostos
na descrição de uma flor, azul.
A peça mor do tabuleiro
percorrendo sete casas em estirão.
Mulher de olhos individuais.
O bafo gelado em quem navega
os fiordes noruegueses.
Mulher, prontidão mortal de uma flecha,
a mulher desertificada,
um chapéu de moda passado da moda.
Uma causa suspeita de crime hediondo
advogada pelo mestre das letras.
O adubo que faz germinar
mas que também esgota o chão.
Mulher protegida na pelúcia da ave
do ecossistema austral.
O último lírio de nervuras coradas
vendido em Finados.
A tristeza do touro que cede na arena
com a espada afundada no lombo.
Um seio que acontece infantilmente
que brota no meio da tundra
como um nascimento alcalino
- o bico saltando numa incidência rosada.
A conquista do milhão:
o contato glacial das moedas na bochecha.

A mensagem na garrafa
surfando as cristas do mar.
Penugem meio denunciadora,
pele por devendar-se...
A colheita de juta que não vingou.
Uma âncora fincando
seu pesado imperialismo nas águas.
O único guarda-sol (azul)
no interior do milharal.
Um ensaio de balé no tablado do teatro.
Alga sem cor secando na areia.
O esqueleto suposto
durante a rotação dos pulsos
das saboneteiras
ao prenúncio do decote.
Estátua absoluta
remando o seu império,
bajulada pelo povo.
A pacificação finissecular.
- Ai, mulher de ninguém.

Capricórnio

> "A gente não tinha o desejo de retê-la
> nem de chamá-la de volta; a gente
> ficava com uma praga nos lábios,
> com um ódio que escurecia toda vez"
> (Henry Miller - Trópico de Capricórnio)

Beleza de semente graúda
de cacau muito puro
de fauna brasileira:
patas ágeis, morenas,
mormaço torneado no busto.
Beleza heterogênea
de sangue jurado e oferecido
nos terreiros clandestinos de Honolulu.
Mulher expedida para fazer crer aos devotos
que a terra de Deus é a mesma do Cão.
Vodu de pano roto que o povo alfineta
esconjurando suas magias
de tigresa malhada...
Um forte aroma de esperma
pulverizando no calor.
Beleza de um arquipélago explorado já
e de maior encantamento
que a tal Ilha dos Amores...
A controvérsia na roda de capoeira.

A desesperação faminta
dos amantes no antegozo.
A competição entre dois galos
que vale uma aposta em dinheiro.
Boca de lama fresca e cintilante
lábio de conjugado exclusivo.
Mulher dos olhos flertivos,
de larga circunferência,
auréola ensolarada e protéica.
Paixão de quinta categoria
que xinga e espanca e faz juras.
O sangue escorrendo das pernas
no dia depois do adultério.
Beleza de índia indo pro rio,
a quem se vê entre moitas.
Indumentária ambulante de cobre a 600º C
O arco-íris difuso do camaleão
camuflado no tronco de árvore
nas folhas da copa
nas frutas berrantes.
Femeazinha dos pobres.
Uma aparição demoniada
lenda ruim que fecha a porta das casas.
Componente da relva.
A ardência da fogueira estalando gravetos.

Sumo de fruta caída do pé.
Beleza de mandar pro olho do cu.
A baderna entre os moleques
que sapecam na rua
entre os malandros do boteco
que prolongam a ressaca.
Intérprete do despudor.
Fotografia móvel e intermitente,
o jogo de luz e sombra.
Nuança de perdição.
Rivalidade incessante com Deus.
A generosa que dá prazeres
pelo preço de uma ninharia.
- Ai, mulher das profundas...

À margem

Afundei em mim
feito um corpo sem força
e de mim não saí
para olhar as pessoas
para tocar coisas
ou tocar pessoas.
Estava imóvel e débil,
perdida para um homem.
Amava as conversas com ninguém,
um diálogo com almas penadas.
Amava gastar o tempo
na contemplação das mulheres
que seriam minhas
se eu pudesse uma vez
tocar a delicadeza.
O homem em que me perdi
é todo meu
e somos os dois
aquela comunicação entre almas
minuciosas na voz,
duas almas quase amigas.
Somos velhos cientes de nós

mas não nos olhamos
não podemos tocar-nos:
dois náufragos que falam entre si
e não se conhecem, não se sabem.
Eu afundei nesse homem
feito alma sem corpo
e perdi a inspiração
que é natural das mulheres.
Ele não foi feito para quedas
para o balanço do tempo
- homens não querem consolo.
Recolho a nossa velhice
sem culpa, sem um apelo,
e agora vou para o fundo de mim,
mas ele...

Andarilho

Eu espero.
Ele vem coberto de brisa
e me acompanha
nas frases pequenas
sem razão, sem valor,
que homens e mulheres repetem
antes do amor e depois.
O nosso estribilho
é o mesmo
de tantos homens
tantas mulheres
de tantas vezes
que estivemos aqui,
vencidos e livres
como soldados
que inauguraram a vida
passada a Revolução.
Ele vem pra perto
e me acalma
com uma carícia qualquer...
Daqui a cidade é um olho
nos espreitando sem intenções;
daqui a cidade é esse círculo
de casas e gentes

abnegadas, imóveis.

...Estamos sobre as ruas compridas
sobre pessoas iguais a nós
mortas
      penitentes
           apaixonadas
pessoas com a nossa lentidão.
Cidade e nós
de repente pairamos,
fantasmas sobre fantasmas,
e só ruas longas continuam abaixo...
Então ele parte, aproveitando o vôo,
para terras que não sei
e que apenas suponho,
entrevejo.
Mas
o meu lugar
os caminhos de volta
ele conhece de tantas vezes
de tantas viagens atrás
que não esquecerá.

Esclarecimento

O cão.
Entre
os homens da avenida
o animal arregalou-me duas retinas
num corisco de alerta.
Aquela rápida amizade
me ligou ao mundo da sua meia face
pintada de amêndoa,
pintada de creme.
Dobrei a calçada para casa
acreditando nos cães
         na engenhoca dos olhos
falando por sobre as metades da cara.
Na calma da sala entrava minha mãe
trazendo o carinho
me pousando em sua saia
e eu contemplava
de alto a baixo
quais os cabelos dela desistiam;
mamãe tem vincos ameaçando arranhar-lhe
o canto das pálpebras
os ângulos do beijo;
sua fronte cavada inicia a estiolagem...
- tenho agüentado um misto

de abnegação e recusa
por assistir à catástrofe do tempo
vingando nela.
(Gela-me pensar que se não pranteio
é por um triz)
Eu sorria para o seu sorriso
via despencar para mim
suas olheiras preocupadas de mãe;
desvairada e num ronrom
eu gozava o cafuné
quando colapsei-me de espanto:
os olhos do cão continuavam nos meus,
ele me deitara no colo.

Ao abandono

Nem a fresca
    o verão
nem pressas
nem música
te convencem à coragem.
Nos fracos
vês teus irmãos
e concilias-te com eles
sem mais atitude.
...E nenhuma impressão tua
fica em quem e em onde
tu habitas,
nenhum traço de ti
na corrente do dia:
só no teu fundo
é o teu ódio
e os teus elogios...

Biografia

Quando
os teus primos cresceram
e viajaram rumo à metrópole
para o estudo de Medicina
e os teus pais viram despencar
o portento da família
ou não viram
porque eram mortos,
quando
os teus queridos decaíram,
tu restavas ali
- no deserto -
pensando em ti
sem ocupar-te das finanças
pensando no que um dia
decidiram tuas mãos pendulares,
o que já empunharam.
Fora da janela
fora dali
baixava a negridão
e no alvoroço dos vaga-lumes festeiros
tu fumavas
apertando os olhos
como quem pensa

como quem vê coisas
- tu procuravas então
onde era a lua...
Pensavas no gado da fazenda
que o brejo pra lá do bebedouro atraiu
pensavas no camponês
que em outro tempo
fez fogo em tua direção,
queimando na brasa um mogno ruivo
como mensagem de que tua família
carbonizava também.
Parecias falecido,
mas sonhavas...
Na tua face barbada
o beijo da filha
que desejaste para suceder-te
mas que...
Tu restavas no sítio
- no deserto -
defendendo a tua memória
das pragas
com mãos abertas e fracas.
Vaga-lumes festejam o teu sonho
em meio ao camponês e ao gado.
Quando
tua família caiu
parecias falecido,
mas sonhavas...

Evidência

Eu sei o teu gosto
as tuas marcas do corpo
o tom e o perfume
das tuas esquinas
eu sei.
Tu te despenteias
te sujas
lambuzas
e eu adivinho
a beleza que tem
as tuas maiores,
mais ricas confusões.
As maneiras de andar
de emudecer
rodopiar
rir até não mais
e de cair no sono
e de bater asas
de se guardar do frio
são tuas maneiras
são esses teus dias
que são um pouco
os meus dias também.

Se tu somes
e te deixas morrer pelos cantos
na lassidão dos mendigos
se tu te entregas ao tempo
te dissolves nele
se tu te negas
e te misturas
à substância da madrugada
à água fosca da sarjeta
se tu somes, de repente,
eu vou saber.

Mãe

Teus olhos acendem
na noite da noite
enquanto me arrasto
tão sorrateiro
e te vejo
fechada em um brilho
vidrada em um brilho
que fustiga, maltrata.
Eu te cerco, te aperto
em torno de mim,
te faço uma casa
onde morar
onde eu te protejo,
mulher exausta.
És tão mais lenta que eu,
assim quase um intervalo,
um gesto censurado, ou quase...
Mas teus olhos ali,
duas instâncias do tempo,
te prateiam, velozes,
te evoluem.
Os olhos buscam coisas
prendem coisas, pessoas,
e até mesmo a noite

mas os teus olhos não...
Tu não me vês,
mulher,
tu te estendes
exibes um brilho
de horas longas e gordas...
Faço uma casa para ti
eu te cerco, te amo.
Não me vês
mas estes olhos antigos
me ganham
e prosseguem,
feito uma chama pobre.

Diálogo

> *" I loved you in the morning*
> *our kisses deep and warm*
> *your head upon the pilllow*
> *like a sleepy golden storm"*
>
> Leornard Cohen

Teu rosto é esse,
tombado em um braço
e feito de detalhes tão fracos
como uma lembrança
      um inverno.
Houve outras imagens
que também vieram de ti
e foram mais persuasivas
que um rosto de digressões
e distância.
Mas lembrar a manhã
em que disseste as tuas dores,
como quem não pudera mudar
um fato ou uma sorte,
lembrar essa manhã
e perceber o rosto morto
é toda a memória que eu tenho
dos teus melhores dias comigo.

Vi cores auroras de repente
tomarem o tom da fadiga,
de repente tu escureceste
e vergaste para o chão,
como a noite.
Repeti em mim o teu desmaio
porque nossa linguagem
era a palavra
de um homem e uma mulher
que se compreendem e calam.
Uma mulher e um homem
vivendo devagar
sem arroubos nem susto,
assim fomos nós, e sabíamos:
um amor cansado
não é menos amor...
Sob a tua paisagem vadia
sob um silêncio de terra
inabitada, tranqüila,
está a tua outra parte
que não é pobreza nem morte,
mas um movimento mínimo
como a vida respirando
em um colo de criança
durante um sono de paz.
Esse lugar separado
da tua maior tristeza

é aonde não devo ir
pois que haja em ti e em mim
redutos de solidão
apenas indivisíveis.
...Se eu gritasse, tu gritavas,
eu morrendo, tu morrias,
e além desse diálogo completo
havia duas pessoas sós
muito profundamente.
E de novo eu lembro
que me falaste de ti
(quase sofrendo)
na manhã em que o teu rosto
foi esse, inteiro pasmo,
caído no meu braço.

Visão

Teus sonhos em claro
vão falar de mim
e me mostrar a ti.
Eu aparecerei
como num estrondo de graça
                    de surpresas
aparecerei com olhos magros
e uma silhueta de tal modo
branca e incerta
que só se completará em ti.
Eu te receberei com olhos fitos
na tua tentativa enorme
de entrar na minha cor
de nos resumir num só tom,
em uma pintura só.
Amar
será tão essencial
como a chuva arrebentando
na argila
como a chuva que se anuncia
numa descarga de luz.

Teus sonhos
serão sobre duas pessoas
tão violentamente juntas
que ora se desejam em um beijo,
ora em uma luta.

O meio do alvo

A menina pensa em um tiro
que apague a cor rosa
apague as bonecas
a preguiça na grama
giros à noitinha até a cidade
sem pedir benção
pra mãe doente
pro pai que castiga
que odeia filhos, família,
e trancado nos quartos
se masturba em silêncio.
Um tiro e pronto,
a vida pequenina titubeia
se dobra, derrama
objetos em miniatura,
o tiro incendeia
de uma vez
a vida gentil
que não tinha porquê.
Acerta direito
no corpinho de lã,
dá-lhe um nó
que enrosca todo em fuligem
sem pedir licença

pra mãe doente
que perde sangue
e mancha lençóis bonitos
sem pedir licença
pro pai doente
que se exercita
se esquenta e sua
atrás das portas
tão profundamente
que não se ouve
sequer mesmo um ai.
A menina brinca de morrer
estirada na grama
como faz
ao espraiar-se
feito um bicho
dando barriga pro sol,
feito um fio d'água
correndo pra rua,
como ela faz muito à noite.
O dedo na prata
a prata gelada
gelando a cabeça
de um bibelô
a um minuto
da jornada instantânea
que vai para todos os lados.

Bum ! - e a menina,
corpinho de lã,
explodiu.

Quebra-mar

Estivemos ali
esperando o sol
enquanto da goela do mar
subiam uma noite e um ruído
vazios como o esquecimento.
Quanto ainda levava
para a luz madrugar?
Estivemos ali
esquecendo o mar
que abria a boca e falava
atrás de nós e de tudo
e nem tentávamos ver-nos
dentro da vacuidade
porque não entenderíamos
e não entender era a dor.
Eu estive e tu estiveste
varando uma noite nas pedras
e apenas não nos movíamos
porque não havia para onde.

Esperamos horrorizados
o brilho que vem somente
se emergir de dentro.
Mas nos vinha uma incompreensão
e nenhum brilho.
Ali entendemos a morte.

Dois

Ela deita sob a chuva
de contas de vidro,
os braços claros borboleteando
um vôo repetido,
transparente...
Solta os cabelos
na pele de água
na pele de pele,
menina assim,
ela espera os dias sem festa
sem baladas, voz alta,
perfume, pernas compridas,
espera
as noites na estrela
mais gorda que haja
para se ver entre cortinas
entre cortinas ela espera
um sono regular.
Aprende a rimar
versos em francês
a ler os poetas grandes
encher cartas com amor
e com perguntas
que ele não entende

e não faz caso de.
Ela entra na calma dos homens
rouba os seus sonhos
ela agora é o sonho
feito no azul homogêneo de algo,
dá voltas e voltas
num brinquedo de roda
sem começo nem centro,
ela refaz o tempo,
menina feliz assim.
Ele está bebendo
pendendo da mesa
beijando as mulheres de olhos ariscos
que andam na noite
como gatos espertos
pulando cercado
passando entre abismos
andaimes faróis
subindo nos bolsos
nos elevadores
caindo dos autos
andares muradas,
está bebendo
esquecendo a menina
que diz palavras palavras
sobre a existência de paragens livres
do beijo, vaidade, esperdício, etc.

Ele, bebendo entre soluços,
horas a fio luta consigo
entre despertar para a menina
ou morar no obscuro
- luta entre as distâncias
embaçadas e longas
ou os calores de um corpo
suando em outro.

Vez

O dia terminava como os outros
em ruídos médios, palidez.
Tu me chamaste para um cinema
como outras vezes fizeste
me acompanhando em um filme difícil,
impopular para alguns.
Teu perfil abaixava,
querias atrasar a notícia
alongar o minuto de um beijo
atrás do pescoço, perquiridor.
Quando falaste
mexendo muito a boca
soletrando as sílabas
atropelando-as
eu, sem pressa, me pus a montar
um significado qualquer
para a tua ansiedade nervosa.
De repente te calou, eu de repente cedi.
Ficamos, assim, tu ao meu lado,
eu procurando as evasivas que antes
te haviam distraído um pouco.
Saíste das minhas previsões,
como os homens que antigamente
eu ouvia, e lento me fizeram cair também.

Colho um fragmento aqui, no carpete,
outro ali, em uma quina gasta.
Não quero andar, estou branda ainda,
escalavrada ainda.
Olho em torno e o tempo não mudara,
me parecia (ainda) comum e urbano
como a noite de um sábado, e outra noite
e outro sábado.
Não recordo o filme rodado
nem o homem que há pouco
aprontava comigo uma cena de amor,
a pior, que endurece as mulheres
e as recria esculturas de luz.
Depois teu perfil sumiu
naqueles que conheci uma vez
e desacreditei
todos parecidos em expressões,
masculinos e maus.

Velhos

Vejo todos eles
um a um
com essa antigüidade
tão mesma
de me fazer chorar
de me fazer ver
todos eles
como se já fossem doentes
e me pedissem ajuda
sob a argamassa ainda fresca
sob uma condição de trânsito
entre a vida e a poeira.

Carta

São oito anos
desde aquela manhã
quando por último
pisei o corredor
a rever os retratos da bisa
e de outros mortos da casa.
Tu não apareceste para mim
ficaste inerte
     alheia
como a casa ou a manhã,
ambas frias,
bem ordenadas.
Não me quiseste ver
há oito anos
quando eu por último
passeei pela casa
esperando de ti a despedida
que me daria a benção
a toda coragem precisada
a sorte.
Tu eras quem, hoje,
havia de pisar minha casa
de correr a vista
para os recentes retratos dos meus

mãe
fiz nascer minha família.
Deni, o mais velho,
veio há um par de anos
e Junia está ainda pesando
cá dentro, sem nem um ruído.
Sabemos, eu e ele,
falar da rotina
e preocupar-nos com banalidades
mas as crianças
são sempre profundas
e preferem o silêncio
às desimportâncias.
Ele tem dores no peito
mas não diz palavra
não mostra um sofrimento,
às vezes o surpreendo
atrás de portas, derruindo,
como derruira o pai.
A vida tem sido
como a tua história
mãe
estou anoitecendo
embora a alegria dos filhos
persistente e delicada
embora os cabelos clareando
como se uma inocência

retornasse.
Esta manhã
vou estar de volta à casa
caminhando no corredor
grávida de Junia
e dos oito anos idos
mãe
não te assusta
com a tua filha tão outra
tão entregue à idade
mãe
apenas lamenta
e, peço-te,
chega até mim.

Carta de férias

Os namorados daqui
beijam-se do mirante
e as tardes são quentes demais.
Pernas de bronze
de leite
de varize
cruzam-se
nas passarelas de luz,
holofotes de arco-íris
brillham ao contorno tíbio dos joelhos,
as mulheres novas
as antigas
são uma beleza só...
Mamãe veste maiô
e aqueles seus olhos escapando da cara
suas pernas
seu busto de purpurina
melhores
tão melhores que eu
fantasiam o meu menino.
Mamãe me desafia
com olhos devoradores.
À beira mar passam banhistas
de costelas de fogo

desfilam saideiras amarelas
que lembram
um cordão de passeata
ou esqueletos marcados
rastreando o horizonte.
No clarão do dia que esgota
os guarda-sóis continuam na areia
numa insistência salina e fotográfica.
...Uma pincelada cor de pitanga
se espalha no céu
reprisa no mar...
À noite são os navios
que flutuam no sombrio
           n'angústia:
é hora
da caça voluptuosa
dos gatunos
é hora
dos fantasmas
da solidão
hora de caluniar
o retrato da parede
flagrando uma felicidade
sem retornos.
...Há mais namorados
nas sacadas dos hotéis
e na beirada do mirante

que na cavalgadura do luar.
À noite, se mulher
vai sozinha ver o mar
pesssoas pensam
que é chamado de mãe d'água
que é mulher bêbada
e que deseja coisas
- que é dona descasada...
Quando os cigarros
estão vermelhando sua brasas
nos bancos de praia
e a lua não existe
os moleques preferem o futebol,
tudo é fundura de caixão.
Sete navios atracam nas pedras
de onde o mar começa
como um só paredão de lantejoula
e mil estrelinhas d'água
ondulam tanto
sobre elas mesmas.
As meninas da baía
disputam qual tem
mais gostoso quebranto nos quadris
e os faróis do oceano dão resposta
de pisca-pisca
às estrelinhas das iaras.

No morro que margeia o céu aberto
existem corujas
piando para a noite
e alguns anjos do Capeta
em vigília.
São nas azuladas férias
do dezembro
que eu vou zarpar
pegar um transatlântico
lutar com os mitos
da Literatura
- que eu vou prosear com os delfins...

Carta para Nina

Nina
as manhãs de trovão
e as de tomar sol no pátio
tomar o braço do outro
e dormir profundamente,
as manhãs sem luz alguma
garoa fina caindo na gente
no teu braço e no meu braço
sem nos guarnecermos
da constipação,
essas manhãs de escola
de sono cadente na pálpebra
são de uma data tão longe
que mal revivemos:
nós somos tão crescidos hoje
tão apaixonados
pela vida sem paixão
que esquecemos o gosto
de deitar em sono fundo
por uns minutos súbitos;
nós, tão desencantados hoje
que as manhãs crescem
escuras e falecidas já
e não sabemos isso.

Meu braço acompanha o teu
na chuva no calor nos torpores
mas nunca lembrar as manhãs
nos fez tão ausentes de amor
tão mortos, exaustos da vida,
perdidos para o nada
nos volteios da fadiga,
nunca as perdas do coração
nos fizeram tão pouca gente
como hoje, tu e eu,
esgotados até a alma.
Nina
eu te aparecia no meio dia
pra te pegar a mão
e tu me levavas lá em cima,
víamos no céu aberto
a nossa pouquidão
o nosso ermo:
dois corpos frios.
(Nina
eu te surgia
pra te pegar a mão,
dividíamos a chuva
o verão, as lembranças)
Nos gastamos antes do tempo
soterrados no mau agouro
e hoje, estendidos no chão,

somos este corpo baldio
num plano azul e agreste...
Desatam do alto
o fogo
o gelo
a aquarela das tardes
que ensopam a gente
exploram a gente.
Nossas caras ganharam
o aparato das rugas
e os olhos apagam
a linguagem de luz
sob um cansaço
que naquelas manhãs infantis
não nos fôra ameaça.
Nina
nem temos conosco
as perguntas
inquietas e avassaladoras
de ontem
não temos uma coragem
um anseio colegial
mas essa nostalgia
chegou a ti, a mim
e ficamos menos saudosos
menos doentes
- menos desperdiçados.

Carta aberta para a irmã

Mana
neste exílio
- que tu não suportarias -
fiz um amigo
diferente dos outros
que existiram ontem
quando o meu lugar
não era o desterro
mas era contigo.
Mana
o amigo diz
que todo desacerto de vida
as más escolhas
uma paixão errada
o coração entregue às tontas
para um amante, para dois,
cada conclusão mal dada para a vida
tem por trás a mão do Diabo,
a nossa tentação dilatada
como que de propósito, por nós.
O amigo
tem trato feito com Deus
sabe das obras
de sucesso e de renúncia

que houve até criar-se
o homem perfeito.
Mana
o amigo não acha mau
um exagero
mas ele próprio
não excede seus desejos
não tenta em mim uma carícia
não fala macio
ele tem medo de ver em mim
o Cão
o fogo tragando a impunidade
dele e a minha.
Mana
eu te digo ainda
é nosso dever não revisitar
os velhos companheiros
pois os dias de agora
estão separados dos antigos
e tentar reatá-los
na saudação
é grifar a velhice
com tintas muito melancólicas.
...Como não desejaria resgatar
tua felicidade tacanha
de me amar sem evasivas,
como não seria um conforto

adorar a mãe
e compensar nesse amor
aquele que antes não tive...
Mas
como velhos companheiros
tu e mãe
me surpreenderiam
na idade cansada
em que a consciência silencia
por conta de ter nas costas
tanto tempo
de enganos e experiência.
Mana
tenho os meus amores
por ti e por mãe
sob controle.
Mana
eu bem posso
viver na represália
viver no malogro
dos meus sentimentos:
eu mando neles, Mana,
e mais ninguém.
Do lado de cá
onde estou
há uma nuvem de chumbo
e um amigo de Deus

acobertando os meus sonhos,
do lado de lá
onde és tu
o céu é todo clareza...
Mana
o ar lava a família da gente
as pessoas da gente
com uma realidade
pequena e inalienável.
Prefiro aqui
onde me contrario
mas tenho sonhos
- lado de cá,
lugar dos emboras :
embora o frio
      a moderação
embora esta falta indisfarçada
de ti, da mãe e de mim mesmo.

Carta para mãe (I)

Mãe, acredita:
os meninos e eu
temos sido irmãos como nunca
apenas ele, Pedro,
insiste em olhar-nos da porta
e às vezes nos manda
com amor
um sorriso discreto
para dizer que a seu modo
fúnebre e divagador
confirma a nossa reunião.
Se te surpreende
que ele nos sorria
ouve, mãe,
ele faz por ti
- Pedro deu-se à alegria
porque te abriu os braços
na expectativa
do filho que pretende um calor.
Julia habituou-se
a conversar confidencialmente
nas horas fechadas,
ela fala de uma angústia
de livrar-se da consciência

para conseguir um sono bom;
nesta noite
Julia tinha uma beleza apreensiva
e pouco valeu que eu a protegesse.
Ela disse querer mudar de nome,
Julia quer casamento
e mãe, tu imaginas,
Julia virar senhora,
sra. Nunes ou Mendes,
me pergunto se as conversas
da madrugada
vão manter-se naturais entre a gente,
se ela vai atender ao meu chamado
de princesinha, de guria...
Eu me pergunto e tu, mãe,
me poupas da resposta:
não haver quedas hoje é lei
por isso não há resposta.
Mãe, não teme,
que a casa reuniu-se para ti
e aquela aflição de Julia, de Pedro,
é este querer tocar-te
e recriar tua companhia.
O pai tem assombrado a casa
tem batido dentro de armários
com três toques sutis,
eu sei o que ele quer

ele está perguntando por ti.
Assino por todos mais esta feita
e peço-te que nunca demores a vir.
Os teus filhos deram-se as mãos
estão quase ajoelhados, exultantes,
- e tu faltavas aqui.

Carta para mãe (II)

Mãe, vou te dizer,
ele chamou os irmãos
e em primeira vez
nos questionou onde estava
a força do pai
que na tua presença
fôra como que imortal.
Quem não pôde erguer os olhos
fomos nós três,
acossados por Pedro.
Devagar Julia murchou,
ela agora é uma poesia
sem comoção
e eu preferia
que ela tornasse senhora
com restrições no amor
a ser um rosto doente
um corpo alquebrado:
mulher sem nome.
Jonas e Artur
esquecem o mundo
e tem um pelo outro
uma dependência assim:

rudimentar como o instinto.
Estamos juntos
e iludidos da tua chegada.
Fizemos uma bagagem
de saudade e histórias por contar
deste tempo interminável
desde quando te separaste
de nós
num radical protesto pela paz
pela harmonia que ausentava.
Então, munidos de disciplina,
preparados com dignidade
se não te resolves a voltar
mãe, vou te dizer,
estamos a caminho de ti.

Mariana Ianelli nasceu em 17 de outubro de 1979, em São Paulo. Na adolescência interessou-se pela leitura de poemas, incentivada pela mãe. Participou de concursos literários, pelos quais obteve prêmios de participação (Lumierè e Casa do Novo Autor) e a publicação de um conto ("Nápoles era em casa", em Escrevendo Mulheres, 1998). Atualmente cursa Jornalismo na PUC-SP.

Este livro foi impresso em São Paulo, em agosto de 1999, pela Gráfica Hamburg para a Editora Iluminuras. A edição foi organizada pela Edições Animae. O tipo utilizado foi Garamond Light em corpo 10,6 e Garamond Bold em corpo 12. Os fotolitos de capa e de miolo foram realizados pela Pancrom Indústria Gráfica Ltda. O papel de miolo é offset 90g, e o de capa é cartão supremo 250g.